你值得更好的

婚恋专家写给年轻女性的20堂安全交友课

邵童——著

中国妇女出版社

前言

PREFACE

从2004年一脚迈入婚恋行业到今天，我已经在这个行业奋斗了19年。时间过得可真快啊！

在接受采访时，我常被问道："为什么选择这一行呢？"我想，这大概是偶然中的必然吧。起初关注婚恋行业，我只是想"医"好自己。

那年，我离婚了，心里很痛，却不知道如何才能止痛。

那时，我才知道，拥有一场幸福的婚姻不容易！身处婚姻生活中的我们并不是每天情情爱爱、打打闹闹、你侬我侬就能够获得幸福的。

痛归痛，我选择通过不断的学习弥补自己的不足。

我是一个一遇到事情就会想办法解决的人。我从传统文化开始学起，而后学习心理学、婚姻心理学、情绪管理等。

同时，我的工作也随着兴趣的变化发生改变。

2004 年，我从工作多年的外企辞职。之后，一个朋友邀请我去一家婚介机构帮忙。在那里的半年多时间，我结识了很多人，看到了很多事。

后来，我开了一个交友网站，叫作“缘来是你”。我希望通过自己的努力给有需要的单身男女创造更多获得恋爱、婚姻的机会。

又过了一年左右，我朋友介绍我去国内婚恋龙头平台——世纪佳缘网站任 CEO 助理兼 VIP 客户经理。我认为，大的平台可以带给我更广阔的眼界，让我获得更强的能力。我一直认为，稳定的婚姻关系可以让生活平稳、让内心平和、让社会平安。如果以我之力可让越来越多的人拥有幸福的婚姻，这是一件好事，更是一件积德行善的事。

那以后，我每年至少看50本书，每天至少保证两小时的对外咨询。这一干就是很多年。经过19年的不断锤炼，基于15000小时的咨询时长，我发现一件很重要的事情：对于婚姻，如果所有人都能从一开始就摆正自己，后面基本会顺遂一生，而这种“摆正”是从“双方相识”开始的。

阅人无数，不如识人有术。

于是，我开发了一系列面向年轻人的交友课程。随着我的课程得到更多人的好评，我不断接到各种企事业单位关于婚姻指导的讲座邀约。

“怎样辨别一个人？”

“如何能找到靠谱的对象？”

“相亲遇到危险该怎么办？”

“我到底适不适合结婚？”

“我真的很惧怕婚姻，我也不知道怎么办。”

……

在讲座中，经常有女性私下里询问我这样的问题。

这时，我忽然意识到，在恋爱中，由于种种原因，大家的安全意识和风险意识越来越强。在我们每个人一生都要面对的五伦关系（上下级关系、父子关系、兄弟关系、夫妻关系、朋友关系）中，夫妻关系和朋友关系是我们后天唯二能自主选择的关系，而且它们对我们的生活有着巨大的影响。这其中，夫妻关系更是如此。

糟糕的伴侣关系、夫妻关系会让我们不断自我怀疑、沮丧、痛苦、无心工作、失去自信，甚至在心理上遭受伤害。在失败的伴侣关系、婚姻关系中受到的伤害，轻则需要许多年，重则需要花一辈子来疗愈。

如果有一些方法能让我们修炼出一双火眼金睛，以致在交友和找对象时知道如何辨别对方是不是适合自己、如何及时止损、如何应对各种问题等，那么我们是不是就可以避免很多问题，就可以在亲密关系中更有主动权？

现在很多正处于婚育年龄的人都是独生子女，从小背负着长辈寄予的强烈希望。然而，他们的父母在盼望他们考上好学校、找到好工作、获得好婚姻的同时，往往没有给予足够的风险教育。我们习惯的对于女孩过度保护的家庭教育模式让很多女孩长大后更容易遭遇一些风险。在现实生活中，更容易对女孩造成伤害的，往往不是陌生人，而更可能是她们言谈甚欢的同事、热情相待的朋友甚至海誓山盟的爱人。经常有女孩子的父母对我讲："我们能安排孩子的学业、工作，可是她的婚姻我们真是安排不了啊！想帮，又帮不上。"

我的这本书正是想帮助广大女孩掌握一些基本的交友技巧，获得一些真正的交友能力，避开一些交友风险，绕开我们这些相对年长一些的人曾经遭遇过的问题。

书中所写，是我 19 年婚恋行业从业经验的总结。

真正希望所有人尤其是年轻女孩都能获得幸福的恋爱、美满的婚姻、和谐的家庭。

在婚恋方面，有任何问题，可以联系我。我的微信号是：shaotong706。

邵童

2023.1

目 录

CONTENTS

第 1 课

相亲是一门学问，也需要学习

相亲是一门学问，不是所有女性都能正确应对相亲这件事。希望所有正走在相亲路上的女性都能少走弯路。

不少女性的交际圈比较小，结识异性的机会不太多，所以她们会通过相亲让自己摆脱单身。但是相亲是一门学问，很多女性面对相亲时有点“打怵”，觉得相亲是一件棘手的事。

其实不然，掌握以下 7 点，你便可以在相亲过程中如鱼得水，事半功倍。

选择见面地点时，要掌握主动权

人们总说，女孩子要矜持一点儿。但在相亲过程中选择见面地点的时候，女性一定要掌握主动权：要么让对方来找你，要么根据两个人的居住地点选个相对适中的位置。

为什么要这样做呢？因为双方刚结识时如果男性便以我为主，那么在今后的感情生活中你可能会很被动。

初次见面时，消费要特别注意

初次见面时，女性最好不要主动提出实行 AA 制消费，更不要抢着结账。因为在很多男性看来，女性提出实行 AA 制意味着没看上自己。如果男性提出实行 AA

制，女性可以答应。如果男性主动结账，实际上是在期待一个日后女性反请他的机会。

第一次约会时，如果男性提出一起吃饭，女性不要狮子大开口，不要提议去高档饭店消费。因为，为别人着想，就是为自己着想。

第一次约会时，女性最好邀请男性一起喝茶或喝咖啡，因为一旦想要离开会更容易一些。

谈到兴趣爱好时，最好如实回答

当对方询问你的兴趣爱好时，最好如实回答，比如喜欢看书、喝茶、跳舞等。

没有必要把自己的爱好说得特别“高级”，甚至撒谎。比如，如果你非要撒谎说自己喜欢打高尔夫球，必然会导致两个结果：一是你要把谎话一直编下去，直至某天露馅儿；二是你可能永远没有机会在对方面前展现真实的自己，以致对方喜欢上的并不是真实的你。

请给约会限定一个时长

初次约会的时间最好不要超过 4 小时。有时候“饥饿营销”在恋爱中是个不错的方法。简短的相亲既能减少不必要的风险，又可以给对方留下想象空间。

人身安全是第一位的

相亲时，尤其是第一次与对方见面时，如果中途去了卫生间，回来后最好不要再喝桌子上已经打开的饮料，甚至不要再吃桌子上的菜肴。也许，有人会说：“这也太过谨慎了吧！”但是无论何时，保证自己的人身安全永远是第一位的。

另外，最好随时背着自己的包，拿着自己的手机，以便发生意外情况时及时采取应对措施。

如果对方提出“另类要求”，要冷静对待

初次约会时，如果男方提出一些“另类要求”，一定要冷静应对。比如，有的男性会要求女性更改网络社交平台的感情状态（如从单身状态改为约会状态等），甚至要求女性删除网络社交平台的个人信息，建议不要听从对方的意见。因为这时你们之间还谈不上有感情，你还有选择的机会，不要被对方道德绑架。对方也许会说：“你不改就是没诚意！”这时，更要冷静应对。

有的男性打着相亲的幌子向女性兜售各种金融产品，见面后刚聊几句，就开始转移话题，甚至建议你购买相关产品。这种男性往往倾向找 30 ~ 45 岁的女性相亲，因为这个年龄段的女性一般都有一定的经济基础。

切记，专业人士是不会也不屑于用这种方式做业务的。

还有男性会伪装成“大款”，并说自己想找一个三观相合、经济能力一致的“灵魂伴侣”。女性千万不要被这种人蛊惑，这种人大多都是想骗钱、骗色。

去相亲地点或离开时也要注意各种细节

女性最好乘坐公共交通工具或乘坐出租车前往相亲地点，这样做有两个好处：一是避免暴露自己的资产；二是可以给对方一个送你回家或送你到地铁站、公交站的机会，由此也能看出对方是否足够体贴、有礼貌等。

如果女性不想让男性知道自己的居住地址，那就自己回家。

向对方提出准备回家时，要注意对方的感受。最好找一个合适的理由，比如自己有些累了、家里有事、公司有急事需要去处理等。总之，不要伤害对方的自尊心。

要学着做一个有态度的温柔女性。你越有态度，越容易得到对方的尊重。

第 2 课

初次约会，从见面地点的确定开始保护好自己

请记住，一定要保护好自己。从第一次见面，就要小心，小心，再小心。如果掉以轻心，就可能追悔莫及。初次约会，一定要选择好见面地点。

年轻人喜欢追求浪漫，敢想敢做。

“能有什么危险啊，有事我会第一时间打110报警的，放心吧！”20多岁的时候，我也是无所畏惧。后来，经历多了，见识广了，我才变得越来越谨慎。

现在，我知道，有些事情一旦发生，我们后悔都来不及。

颖儿是个“相亲达人”。从22岁至30

岁，她不是正在相亲就是奔走在相亲的路上，但一直没有找到合适的结婚对象。最近，她通过一个相亲网站认识了明磊。在网上和明磊聊了几次之后，颖儿觉得他谈吐不凡、很有品位，便答应与他见面。

他们约在某个周五的晚上相见。于是，颖儿当天下班后开车去了明磊事先订好的烤串店。

见面之后，他们相谈甚欢。因为开车来的，一开始颖儿拒绝喝酒。明磊眉头一皱，说道："大周末的，顾忌那么多干嘛！"颖儿犹豫了一下，喝下了明磊递过来的酒。吃完烤串，明磊又提议去KTV唱歌，颖儿也同意了。他们在KTV边唱歌边喝酒，玩得很高兴。

"我喝了很多酒，后来的事就记不太清

楚了。我只是隐约记得，我们从KTV出来时大概是凌晨3点。我也记得，他说我们俩都喝多了开不了车，都这个时间了找代驾也不方便，干脆先打车去他家。我就跟着他去了……之后，我们之间就发生了不该发生的事。”第二天醒来后，颖儿非常后悔，不停地向自己的闺密哭诉。

约会本来是一件令人愉悦的事情，但当事人稍不留神就可能遭遇“孬事”。颖儿的经历值得我们深思。

与别人约会时，尤其是初次约会，我们一定要多一个心眼，首先要从约会地点的安排或者选择上学会“避险”。约会地点选好了，能避免很多烦恼和不快，甚至能避免可能给我们的人身安全带来危险的事件发生。

一般来说，初次约会，在约会地点的确定上要注意以下几点。

与人初次约会，轻易别去娱乐场所

初次约会，轻易不要答应相亲对象去娱乐场所见面，否则可能遭遇一些潜在的风险。

不要去离家较远的地方约会

初次约会，最好选择离自己家近一些的地方，因为一旦遭遇突发情况，对周边环境比较熟悉的话更容易脱身。

有些女性缺乏相应的警惕性，不管对方提出去哪里约会都不会拒绝。但是在离家较远的地方或者郊外约会，很大程度上你已经失去控制权，如果遭遇意外，想求救或自救都会比较困难。

对方提议去“朋友的朋友家”，要格外警惕

初次约会时，若对方说：“你陪我去一个朋友家拿点儿东西吧！”或者对方说：“你和我一起去朋友家吃饭吧，他们全家人都很好！”这时，我们一定要多个心眼儿。

切记，初次见面时，去你不熟悉的对方的“朋友家”是不安全的。那家有什么人？去那家做什么？发生意外如何脱身？这些问题都值得好好考虑。

另外，不要认为某个场合有男有女就一定是安全的。

初次约会不要去外地见面

如果一个你认识没多久的男性力邀你去外地与他见面，这百分之百是个“坑”。

有些男性会这样邀请你：“我真的好喜欢你啊，但我正在外面出差。我给你买张火车票，你来找我吧！你到站后，我去接你怎么样？”有的女性觉得自己一分钱没花，还能随便旅游，何乐而不为！

我要告诉你，这样的好事不会轻易降临到你的头上，小心贪小便宜吃大亏。

> 10年前，我的一个好朋友结识了一位男士。对方说自己是一个商人，在昆明有房有车，想找个善解人意的姑娘和自己共度余生。
>
> 我的朋友便坐飞机去昆明与他见面。她回来时，那个男士在她的包里塞了一个包裹，说里面是给她买的礼物。
>
> 在去机场的路上，我朋友发现包裹夹层里居然有违禁品。她还算清醒，立刻把包裹交给了机场的警察。

回来后，她跟我说，她真的是“大难不死”，要是因此触犯了法律，岂不是得不偿失？！

女性朋友们，请记住，一定要保护好自己。从第一次见面开始，就要小心，小心，再小心。如果掉以轻心，就可能追悔莫及。初次见面，一定要选好地点。

第 3 课

在恋爱中，
切勿触碰隐私底线

为爱“上头”不可怕，为爱伤己才可怕。勇敢地、真诚地、热烈地爱一个人没有错，然而不要忘了，一定要保护好自己的隐私。

很多人相爱时爱得轰轰烈烈，不爱时不惜鱼死网破。爱情中既隐藏着许多考验，也隐藏着很多风险，有些风险还常常让人措手不及。

倩倩是家里的独生女，从小在父母的宠爱中长大。她不仅学习成绩好，而且气质婉约、长相秀美。可以说，她从小到大一直是那种“别人家的孩子”。

大学二年级的时候，倩倩在参加同学聚会时结识了正在读大三的学长陆尧。之后，二人很快陷入热恋之中。

陆尧高大帅气、家境好，对倩倩百般宠爱。他们之间的关系很是甜蜜。

陆尧上大四后，事情一下子多了起来。他一方面要忙着写毕业论文，另一方面还面临着实习、找工作的压力。因此，他对倩倩的呵护和关心相对就少了很多。

已经习惯陆尧无微不至的关心和照顾的倩倩难免会发点儿小脾气，而陆尧因找工作的事不是很顺利，时常心烦意乱。于是，他们开始经常拌嘴。

慢慢地，两人的矛盾不断加深，最后闹到了分手的地步。

分手是倩倩提出来的，但是陆尧坚决不同意分手。见倩倩的态度十分坚决，陆尧气急败坏地说："你敢跟我分手，我就把那些照片和视频都发到网上，让你身败名裂！"

原来，他们在感情甜蜜的时候，拍了很多尺度很大的照片和视频。

倩倩做梦也没想到陆尧会说出这样的话。他们之间的感情彻底破裂了。

无奈之下，倩倩只好向陆尧的父母求助。最后，陆尧删除了手机里的那些照片和视频。

相比之下，娜娜就没这么幸运了。

一个周末，娜娜在家百无聊赖，忽然发现手机的一个社交软件上有一个陌生人添加自己。娜娜没有多想就通过了对方发来的好友添加请求，然后和对方聊了起来。

经过聊天，娜娜得知，对方是一位男士，比自己大10岁，名叫李晨。

接下来几天，通过聊天，娜娜发现李晨和自己有很多相同的兴趣爱好，和自己十分投缘。于是，没几天，娜娜便开始和对方互称“亲爱的”。他们还互相发了照片给对方，双方对彼此的长相十分满意。

几天后，李晨要求视频聊天，娜娜同意了。

谁知，经过几次视频聊天之后，他们视频聊天的尺度越来越大。开始，他们只是聊聊日常生活。后来，也不知道是谁先提出来的，他们竟然裸聊起来。

不仅如此，在聊天的过程中，娜娜把

自己的很多个人隐私信息都告诉了李晨，比如她有几张信用卡、她的收入状况、父母是做什么工作的、家里的经济状况如何等。

有时候，娜娜还会和李晨聊很多自己单位的事情，甚至跟他八卦自己的同事和领导。

40多天后，李晨说自己最近和别人合伙做生意赔了点儿钱，想向娜娜借5万元救急。娜娜拒绝了。

李晨开始软磨硬泡，娜娜还是没借。

后来，李晨急红了眼，把之前和娜娜的聊天记录的截图发到了网上，其中有娜娜的裸照。

娜娜第一时间报了警。但是娜娜自感没

脸再在原单位干下去了，只能辞职。

爱是无私的，但爱也是有底线的。恋爱中的人也要懂得保护自己的尊严和隐私，尤其在网恋时更要懂得保护自己。天真如娜娜的女性一旦遇到不怀好意的人，很有可能让自己陷入被动，而有些结果往往是我们不能承受的。

所以，亲爱的女性朋友，请记住，恋爱时有些隐私底线是不能触碰的。

任何情况下都不要拍摄过于裸露的照片和视频

不要听信对方“只是想保存下来好好欣赏”之类的话。过于裸露的照片、视频、音频等，都可能成为日后随时爆炸的“地雷”，会将你的事业、生活“炸”得七零八落。

另外，异地情侣再思念对方也没有必要在屏幕前赤裸相见，和那些并不知根知底的网恋对象交往时更是如此。

不要轻易告诉对方自己以及家庭的经济情况

有的女性收入不菲，一旦被别有用心的恋爱对象知道，要么可能遭遇借款请求，要么可能被对方拿捏住把柄敲诈、勒索。

恋爱与做人一样，要低调，不要张扬。

切忌轻易透露自己的家庭状况

有的女性家庭情况比较复杂，比如来自再婚重组家庭、自己是非亲生子女等，这些情况轻易不要告诉恋爱对象，尤其是关系还不是特别稳定的恋爱对象或者不是特别熟悉的网恋对象。

在恋爱交往的过程中，谁也不敢保证对方会不会因为我们的家庭状况而动歪心思。

保护好自己的工作圈与社交圈

你跟哪位同事关系好、跟哪位领导关系差、之前接受过谁的指点与照顾、最近正在参与的某个重要项目的细节、朋友要求你保密的隐私……轻易不要告诉你的恋爱对象，尤其是关系还不是特别稳定的恋爱对象或者不是特别熟悉的网恋对象。否则一旦感情破裂，对方可能翻脸无情，甚至通过你之前给出的相关信息报复你。

恋人可以再找，工作丢了、朋友没了，你的人生可能会一下子陷入困境。

女性朋友们，勇敢地、真诚地、热烈地爱一个人没有错，然而不要忘了，永远都要保护好自己的隐私，尤其在面对关系还不太稳定的恋爱对象或者不是特别熟悉的网恋对象时。

第 4 课

谈情说爱，
如何远离“海王”

与“海王”的每一次亲密接触，都可能让你面临极大的风险，甚至是健康风险。心受伤了，再把身体搭进去，真的不值。

如果一个男人被称为“海王”，说明他在两性关系中有着这样的特质：虽然有魅力，但对感情不专一、不认真，常常把感情当作游戏。女人如果遇上这样的男人，很多时候会面临一个结果：受伤。

欢欢今年32岁，找我倾诉时满面愁闷。她说：“我有一个谈了几个月的男朋友，我感觉我们之间的感情还不错。但最近我惊讶地发现，他居然是一个人们深恶痛绝的‘海王’，同时和多个女性保持着暧昧关系，很多女性直接叫他‘老公’。”

这让爱情至上、感情专一的欢欢难以接受。欢欢想分手，但对方的个人条件她很满意，有些舍不得分手。

“海王”究竟为什么会让人“上头”呢？通常“海王”不仅外表帅气、经济实力好，而且深谙恋爱之道、十分善解人意。他们往往能在紧张的工作状态下保持乐观态度，很会调整自己的情绪，而且善于发掘生活中有趣的事情。他们不只善于与女性相处，与同事相处也十分得心应手。

阳光帅气、一往情深的人谁不喜欢呢？女性的择偶标准越是过于理想化，那么遇上“海王”的可能性就越大。

如果想好好谈一场恋爱，并且是以结婚为目的的，那么最好还是要远离“海王”。

如果你不想遭遇“海王”的“劫”，务必注意以下几点。

建立正确的择偶观

找对象要找三观、性格、家庭状况尽量匹配的人，这是正确的择偶观。

一个三观不正的“海王”不可能带给你一段感情稳定的恋爱关系，所以务必远离“海王”。

不要过于理想化

“海王”在相貌、性格、情商、经济条件等方面往往比较优越，因此很容易吸引异性的注意。然而，如果我们的各种条件与对方差距很大，还是不要做“灰姑娘与白马王子相爱”的梦。

明白自己究竟想找一个什么样的结婚对象

女性找对象之前，首先要搞清楚自己究竟想找一个什么样的结婚对象。也就是说，你认为自己的伴侣应该具备什么样的素养，比如忠诚、善良、重情义、孝顺、有责任感等。只有有的放矢地寻找自己理想的伴侣，才更可能避免“海王”的诱惑。

适当降低期待值

一些女性在某种程度上对爱情、婚姻抱有一些不切实际的期待。有的女性找对象时，不关注男方的责任感、担当意识等素养，而是十分在意男方会不会谈情说爱、会不会制造浪漫等。殊不知，生活就是柴米油盐酱醋茶。

结婚对象应该是适合生活在一起的人。若择偶标准不切合实际，还是应该面对现实，不然“脱单”难上加难。

另外，结婚并不能改变一个人的性格和行为方式，婚姻会面临很多挑战。婚姻需要稳定，相依相伴、互相扶持才是婚姻的本质。

还有一点很重要，“海王”总是遍地撒网，与“海王”的每一次亲密接触都会让我们面临极大的风险，甚至是健康风险。心受伤了，再把身体搭进去，真的不值。

找一个“他的眼里只有你”的人，才是你的正确选择。

第 5 课

想要了解一个人，
就观察他处理这 5 种关系的方式

对于君臣（上下级）、父子、夫妻、兄弟、朋友这5种关系的处理方式，可以透彻地反映一个人的人格和人品。

常有女性抱怨："大家都说，找对象要看人品，可是怎样才能看清一个人的人品呢？都说大事见人品，怎样才能从诸多小事中看清一个人的人品呢？"

许多中国传统文化都讲究一个"道"字。在人际关系中，"道"是指人与人之间相处的学问，也称为"伦常大道"。其中的"伦"指的是五伦关系，即君臣（上下级）、父子、夫妻、兄弟、朋友5种关系。

对于这5种关系的处理方式可以透彻明了地反映一

个人的人格和人品。

让我们按图索骥，一一识别。

夫妻关系

家庭中最核心的关系便是夫妻关系。夫妻关系和谐，孩子才能健康成长，孩子的人格发展才不容易出问题。

在一个家庭里，夫妻如果争吵不断，孩子感受不到爱，从小内心就会充满恐惧，长大后在组建家庭时大多会遭遇坎坷。这样的孩子长大后要么是不渴望婚姻，对伴侣要求过高，一旦和伴侣发生争吵就会使用冷暴力等；要么是极度渴望尽早结婚，组建新家庭，但婚后很容易遭遇各种困境。

因此，女性准备开启一段亲密关系时，首先要了解一下男方父母的相处方式，比如家里谁管事、谁做饭、谁照顾老人等。把这些了解清楚，有助于女性更立体、更深入地了解男方。

父子关系

本文所说的“父”不仅仅是指父亲，而是指对我们有养育之恩的“双亲”。

在接触心仪的男性时，女性要适当了解一下男方与父母的关系及相处方式，因为这能反映男方与亲密的人的相处方式。如果一个男人和父母矛盾重重，那么他和亲密爱人的关系也和谐不到哪里。我有一个朋友，他的爸爸烧得一手好菜，对长辈也极为孝顺。我的朋友在家庭的影响下对做饭很有兴趣，他和父亲的父子关系也十分和谐。

在现实生活中，对于那种与父母关系不好甚至对着父母大吵大嚷的人，我们不妨想一想：和这样的人生活在一起会幸福吗？当然不会。

上下级关系

人们都说领导要仁，即要怀有仁慈之心，要多替下属着想；下属要忠，即要忠于本分、忠于职责、忠于领导、忠于集体。女性可以多问问男方对自己的职业、工作内容、上级领导、同事的看法，比如是否热爱自己的工作、是否能和同事和谐相处、工作出了纰漏是否能勇于承担责任等。对待工作的态度能体现一个人多方面的素养，更可以反映一个人的人品。

兄弟关系

在“80后”“90后”群体中，很多人是独生子女。然而，即使是观察一个人跟堂（表）兄妹的关系也可以见微知著，更透彻地了解对方。

我因工作需要经常出差，堂弟是一个重情义的人，经常帮助我照顾我的父母。后来，堂弟找到了人美心善的老婆。如果你的交往对象的家族关系和谐，他的人品一般没有什么问题。

朋友关系

观察一个人的朋友圈能大体了解他的人品和喜好。比如，可以看看对方身边是上进的同龄人还是成天只图酒肉的狐朋狗友。近朱者赤，近墨者黑。接触什么样的人，就会成为什么样的人。

我们还要注意观察男方是否守信用、讲道义。义通常可指正当的事，这里指朋友之间的感情是否建立在正当的事业之上。信是指朋友之间彼此信任。

言必信，行必果。朋友之间只有彼此信任，才能建立起深厚的友谊。女性可以适当参加男朋友与他的朋友的聚会，从而可了解到更多信息，比如他的喜恶、生活习惯、处世之道等。也许只需要一次聚会，你就可以对这些做到心中有数。毕竟，你是想和这个人一起生活，他的朋友以后也会成为你的朋友。

第 6 课

5 个维度帮你看清“他”的性格

一般来讲，社交技巧可以学，沟通技巧也可以学，但一个人的性格不会轻易改变。

有哲学家说："人是环境的产物。"在感情生活中，伴侣的性格就像你身边的一个特定环境，比自然环境更能影响你的生活。有时候，身边人对我们的影响远远大于外界其他因素对我们的影响。

很多离过婚的人说，他们离婚的原因是"性格不合"。我曾经也很疑惑，既然性格不合，为什么要结婚呢？

随着见到的相关案例越来越多，我提醒广大女性务必注意以下 3 点：

1. 伴侣双方的性格特点对于亲密关系的维持非常重要；

2. 很多女性没有了解清楚对方的性格特点就贸然走入婚姻的殿堂，这不可取；

3. 想要了解一个人的性格，不单要靠时间，还要靠一些“事实”。

性格也称人格特质，是指一个人在情感、思想、行为等方面所呈现出来的一致性。一个人的性格也许会在不同时期表现出一些不同的特点，或在经历不同的事情后稍微发生偏移，但一个人的性格特征在其一生中基本上是稳定不变的。

一般来讲，在择偶期，个体的性格已基本成型。

我们必须清楚地认识到，社交技巧可以学，沟通技巧也可以学，但一个人的性格不会轻易发生改变。如果你一直想改变别人，必将走上一条痛苦之路。

我们可以通过下面 5 个维度，正确识别自己的性格特点，迅速准确地了解交往对象的性格特点。

社交活跃度

社交活跃度指一个人对社交活动的喜恶程度和在社交场合的活跃程度。社交活跃度高的人喜爱社交活动（比如聚会等），在人群中看起来精力更充沛，希望引起别人的关注。

对于这样的人，即使你“锁住”了他的身体，也“锁不住”他的心，他会在各种社交媒体上寻找被关注的机会。

社交活跃度低的人更愿意“宅”在家里，喜欢低调独处或小范围、小团体活动，也许超过 5 个人的聚会就会让他们头晕眼花。如果参加大的活动，他们会找个角落自己待着，脸上一副“别找我”“别烦我”的表情。

社交活跃度高的人与社交活跃度低的人相处时，双方需要互相了解、互相妥协才能达到平衡，不然两个人相处没多久可能就要散伙了。

比如，一个爱聚会、爱热闹的男性若找了一个喜欢“宅”在家里的女朋友，男方要多待在家里陪陪女朋友，或者尽量把聚会安排在家里，以给女朋友一定的安全感；女方也要适当地跟男朋友参加一些社交活动，多看看外面精彩的世界。

应变开放度

应变开放度指一个人对事物变化的接受程度和应变能力。如果一个人的应变开放度较低，他对新鲜事物便不太能接受。这样的人一般比较务实，喜欢循规蹈矩。而应变开放度较高的人做事、想问题非常有弹性，不愿意按部就班，常对新鲜事物表现出浓厚兴趣并且十分愿意尝试。

应变开放度不同的人生活在一起很容易发生分歧。比如一对情侣说好了晚上去吃小龙虾，去吃小龙虾的路上，应变开放度较高的女方突然改变主意想去吃涮锅，应变开放度较低的男方心里可能就会抱怨——“她怎么总是变？不是说好了要吃小龙虾吗？”

刚开始相处的时候，这样的两个人大多会互相谦让甚至妥协。但当他们之间的关系越来越亲近时，他们可能越倾向坚持自己的立场，不愿意为对方做出改变。如此，如果双方在很多事情上没有办法找到平衡点，也没有人愿意妥协，那么他们的关系将难以为继。

组织严谨度

组织严谨度指一个人在生活和工作中的条理性和执

行力，可以反映一个人的毅力与恒心。

比如，组织严谨度高的人外出旅游时会事先设计好路线，订好机票、酒店，做好攻略。也就是说，这样的人不管做什么事，事先都会按计划、有条理地安排好一切。这样的人有时会给别人一种压迫感，因为在他们看来生活应掌控在自己手里。

而组织严谨度低的人不太注重导向性和条理性，对工作、对生活都持一种“佛系”态度。比如，这样的人外出旅行经常是随遇而安，甚至是临时起意。他们不愿意束缚自己，更不愿意掌控别人。

体贴配合度

体贴配合度高的人更容易让人感受到信任、友善，且乐于与他人相处、合作，有时甚至愿意牺牲自己的真正需求来迎合他人。

请注意，虽然这样的人看上去是一个“老好人”，但他们在亲密关系中也是有需求、有情绪的。

那么，体贴配合度低的人又是什么样呢？跟这样的人在一起时会有一种竞争感，因为他们独断、果决，做什么事情都不跟别人商量，别人提出的要求大多会被他们拒绝。这种人在工作场合讲究黑白分明，平时看上去比较容易相处。然而，一旦涉及自身利益，他们就十分谨慎，甚至可能弄得别人下不来台。

情绪稳定度

情绪稳定度指一个人在面对压力、困境、意外时是否能控制好自己的情绪以冷静应对。

情绪稳定度高的人在面对压力时，内心也是波涛汹涌，也会焦虑、沮丧，甚至会说丧气的话，但表面上看总是波澜不惊，不会过于失控。

而情绪稳定度低的人遇到一点儿波折便会失了分寸，觉得无法承受，甚至会把焦虑转移给身边的人。

情绪稳定度低的人遇到情绪稳定度高的人时会因为对方的稳重而心生好感，甚至觉得对方就是自己的偶像，觉得那波澜不惊、泰然处之的处世态度太迷人了！

根据这 5 种人格特质，比照一下自己和交往对象的性格，感受一下彼此性格上的不同，自然而然地对很多事情就能做出合理的解读了。

其实，任何事情都有两面性，不同性格的人往往更容易相互吸引，但也更容易产生矛盾。

无论如何，两个人生活在一起，最重要的就是互相了解、互相磨合、互相妥协，最终达到互补、平衡。

你没有的，我有；我不行的，你行——这才是建立和谐亲密关系的基础。

第 7 课

如何听懂他的“话外之音”

在亲密关系中，沟通交流很重要。
在“爱的拉扯”中，男性说的话常有一些“话外之音”，女性要听得懂。

人们常说，女人心似海底针，总让男人难以捉摸。实际上，在“爱的拉扯”中，男性说的话也常有一些“话外之音”，女性在与其沟通交流过程中要听得懂。

在亲密关系中，沟通交流很重要。但是你知道吗？语言交流只是沟通交流的一部分，而肢体动作、眼神、微表情等都能透露我们的性格特征、心理活动、潜在需求等，这些都是沟通交流中的“潜台词”。

有的男性说的话与“潜台词”是一致的，这叫言行合一。而有的男性所说与所想出入很大，甚至截然相反，女性要有辨别、思考的能力。

“女人只要开口说话，就是有意义的；而男人开口只说有意义的话。”这句话一针见血地指出了男女说话的差异性。

需要警惕的男性的“话外之音”大概可以分为以下3种类型。

故意欺骗型“话外之音”

很多男性爱说这样的话：“交女朋友时我不在意外表，更在意内在。”“我不好色，不会随便占人便宜。”“我一点儿都不介意你的恋爱史。”请记住，这些话不可信。

有一天，一个朋友给我打电话，开心地跟我说：“童童姐，你能想象我们有多合适吗？我讨厌急色、无趣的男人，而他一直强调自己是一个绅士。而且，他还十分幽默。我简直迫不及待地想跟他在一起了！”

我笑着提醒她说：“那也要谨慎一点儿，要放慢速度，仔细观察哦！”

三天后，我在网络社交平台的朋友圈里看到她与男朋友的合照。

谁知，两个月后，她难过地告诉我他们已经分手了。那位“绅士”三番五次地劝她购买一款理财产品，她没有答应。于是，那位“绅士”便和她“分手”了。

“原来他一开始说的那些话都是有目的的。”朋友后悔地对我说。

可见，如果交往对象说的话明显有悖常理，那么他一定别有用心。

饮食男女，人人都喜欢美食、美色、美景。一个无欲无求、不近女色的男人为什么还要谈恋爱呢？还是多警惕那些甜言蜜语吧！

重点模糊型“话外之音”

相亲的人的需求五花八门，有的人目标比较清晰，需求也很明确；而有的人恰恰相反，需求模糊，目标不明。很明显，后者在短时间内很难找到合适的对象。这类人以男性居多。

“我没别的要求，希望找个聪明的。”这乍一听好像要求确实不高，但是“聪明”的范围太广，比如高学历、有不错的工作、会待人接物等好像都符合“聪明”的定义。

所以，当听到男性重点非常模糊的需求时，一定不要想当然地以为理解了，而是要多询问、多试探，才能知道对方的话里究竟有几层意思。

意有所指型“话外之音”

下面这些话一定会让你有所共鸣。

“我讨厌慢热型女生，喜欢节奏快一点儿的恋爱经历。谈恋爱的话，咱俩就都直接点儿，想说什么就说什么，想做什么就做什么。这样也有助于我们互相了解，对吧？”

“我还没准备好进入一段新恋情。随缘吧，如果你想跟我谈恋爱，我怕伤害你……”

“咱们先从朋友做起吧，然后再慢慢发展，好不好？你看怎么样？”

这些话听上去是不是很熟悉？很多女性听完这些话后很快就被唬住了，或者手足无措，或者按照对方的要求去做，结果被伤得很深。

其实，这些话里都包含“话外之音”。我一一翻译一下。

“我不是保守的人，我很快会提出发生亲密接触的要求。如果你不答应，那就算了。”

“我没有那么喜欢你，现在也不想和你谈恋爱。你想谈也行，哪天我要是提出分手了，你可别怪我。”

“我根本就没把你当恋人。我要是喜欢你，早就主动追求你、拥你入怀了，还当什么朋友！”

好的歌手能唱出歌曲的“弦外之音”，能带动听众的情绪；好的听众能通过歌词和旋律，感知歌手的情绪。感情生活也是如此。

第 8 课

社交场合请警惕“交浅言深”

在参加各种社交活动时，我们会认识很多“朋友”。在面对这些“朋友”时，有些话能说，有些话不能说。

常言道，言者无心，听者有意。我还想补充一句：问者别有用心，回答切记小心。

在参加各种社交活动时，我们会认识很多“朋友”。在面对这些“朋友”时，有些话能说，有些话不能说。

米扬家被盗了，损失惨重。

窃贼并没有在家里乱翻乱找，而是通过

输入密码打开了保险箱。

警方断定作案者应该是米扬认识的人，并且对米扬的个人生活情况了如指掌。警方经过排查，最终锁定了目标嫌疑人，原来这个窃贼就是米扬在一个饭局上认识的一个女性“朋友”。

米扬的母亲早逝，父亲对米扬十分宠爱。米扬很喜欢被他人关心的感觉，心智十分单纯，在社交场合完全没有防范意识。

在一个饭局上，这个女性“朋友”对米扬格外热情，不停地问她在哪里读的大学、平时在哪里健身、喜欢吃什么糕点等，还和她分享了许多购物心得。这个“朋友”还一个劲儿地夸米扬穿衣服有品位、会搭配等。米扬心里高兴极了。

从那以后，她们经常见面，经常一起去

逛街、一起去K歌、一起去吃饭等。其间，米扬和这个“朋友”说了很多自己的家庭情况。

一次，米扬过生日，父亲在外地出差没有及时赶回来。米扬在网络社交平台的朋友圈发了一长段文字，抒发孤独的心情。

不一会儿，这个“朋友”发消息问米扬怎么了。米扬把自己的情绪一股脑儿倒了出来。

这个“朋友”对米扬的负面情绪照单全收，并且安慰米扬说：“以后你要是遇到什么困难就找我，我陪你。对了，你最近又买了什么首饰呀，拍给我看看……”

警察找到米扬这个“朋友”后，她对自己的犯罪事实供认不讳。原来她早就盯上米扬了。她说：“我稍微一问，米扬就把家里的情况都告诉我了。从和她的交谈中，我得知她家里的门禁、保险箱等的密码都是和她生日相关的数字，我一试就试出来了。”

米扬的故事值得我们深思。在社交场合，女性应该落落大方、充满自信，要学会表达自己，以结交更多的好朋友，但是也要时刻提醒自己，提防一些心怀鬼胎的人，交浅切忌“言深”。

在穿着打扮上不要简单堆砌名牌

有人喜欢用名牌产品装饰自己，但是包子有馅不在褶上，在社交过程中低调行事才是最安全的。

不要随便聊自己的隐私

家人的喜好、家庭的经济情况、家人的日常生活习惯等均属于个人隐私，在社交中不该轻易问，更不能轻易说。要有自我保护意识，否则会给自己惹来麻烦。

与家人多交流

习惯“交浅言深”的人往往与家庭成员交流不多，常感觉没有得到家人的理解与关爱，所以只能去外面找认同感。这也提醒我们，请与家人多一些情感互动。

第 9 课

三观决定了你们的亲密关系的走向

世界观、人生观、价值观决定了一个人的精神气质和做事风格，同时也在某种程度上决定了一个人与另一半会拥有怎样的亲密关系。

“分手吧，我们三观不合。”

“三观不合的朋友注定会与你分崩离析。”

三观在我们的社交过程中与感情生活中非常重要，甚至可以成为我们与一个人交往或决裂的重要原因。但三观到底是什么？我们的三观是怎样的？它又是如何形成的呢？突然被问到这样的问题，很多人一时半会儿还真答不上来。

三观可能来自原生家庭，可能来自社会环境，也可能来自童年时期接受的教育。

一个人的三观在人生经历中不断地被塑造。而在经历某些重大事件之后，三观也可能发生改变。

三观到底是什么？三观就是世界观、人生观、价值观。

世界观是人们对所生活的这个世界以及人和外在世界的关系的根本看法、根本观点，是人们在社会实践的基础上产生和逐渐形成的。社会地位和经济水平不同，人的世界观也不同。

世界观是人生观的基础。人生观是人们对人生目的、意义的根本看法和态度，是对自我价值的判断。

价值观由人生观和世界观发展而来，是人们对各种事物的价值的基本看法。比如做这件事不划算、和某人相处不值得等，都是基于价值观的判断。

三观是人们择偶时常考虑的极其重要的因素，它不仅决定着一个人的气质，也决定着一个人将会吸引什么样的人。

如果一个人遇事消极、待人冷酷，要想吸引幽默、阳光的人就格外困难，可能一辈子情路坎坷。如果一个人真诚、和蔼、踏实、肯干，大概率会遇到一个类似的人相伴终生。

三观的第一个来源是原生家庭

心理学家、精神分析学派创始人弗洛伊德认为，童年时期的经历虽然会随着时光的流逝而被我们逐渐淡忘，甚至会在意识层面消失，但会顽固地潜藏于潜意识中，对我们的一生都将产生持久的影响。

譬如，有的女性在青春期和异性交往过程中心理受到了伤害，成年后可能不愿主动和异性接触；有的女性因童年缺少父爱，成年后更愿意找年龄相对较大的男性为伴，以弥补曾经缺失的父爱；有的女性因在童年时期父母矛盾重重、日日吵架，长大后在与人相处时不容易建立明晰的界限，常常因害怕被孤立而违心地做各种所谓“合群”的事……

三观的第二个来源是家庭教育

麦麦长相中等，喜欢打扮，看上去温柔又时尚，是很多男生喜欢的那种“小家碧玉型”女孩。

在家里，麦麦一直享受着公主般的宠爱，从来不知道付出、责任、义务为何物。

结婚半年后，麦麦的婚姻就出了问题。她的丈夫选择离婚的理由是他们俩三观不合，受不了这样的婚姻。他说，他们每天吃饭基本靠点外卖，家里没有一点儿烟火气；他也曾尝试着做饭，但是他得到的都是麦麦的差评甚至刻薄的讽刺；而且他做饭时麦麦从来不帮忙，饭后也不收拾。他还说，家里每天都是乱糟糟的，麦麦不收拾不说，还不懂得保持，经常是他刚把家里收拾干净，麦麦就把家里搞得一团糟。

“你别把自己当公主成吗？该学的学，该做的做。你也得干点儿活，为这个家付出点儿啊。”麦麦的丈夫经常这样抱怨。但麦麦从来没有意识到自己有问题，反而觉得很委屈。

就这样，两人从鸡毛蒜皮的小事吵到爱与不爱，直至最后选择离婚。

麦麦找到我时，哭得梨花带雨。她说她很爱自己的丈夫，她搞不明白这场失败的婚姻究竟是什么原因导致的。

我告诉她："做家务也好，做饭也罢，都只是造成婚姻失败的导火索。失败的婚姻是你对婚姻的错误认知造成的。婚姻是一场男女双方的双向奔赴，婚姻中的男女需要彼此照顾、互相支持。

"如果你只想在婚姻中得到而不想付出，再爱你的人或你再爱的人终有一天会离开你。因为你在婚姻关系中缺乏一种责任感，缺乏一种担当精神。爱是自私的，但是婚姻应该是慷慨的。即使在婚姻中，也没有人甘愿做那个绝对无私的付出者。"

麦麦只习惯在生活中"被人宠爱"，她对家庭以及婚姻的认识止步于此。

由此，她自然与丈夫三观不合。

三观的第三个来源是人生经历

> 我的发小儿对别人缺乏信任，我曾经笑话他有“被迫害妄想症”。
>
> 有一次，他在路上不小心摔断了腿，路过的一家人把他送到医院，还为他垫付了医疗费。
>
> 康复以后，他好像一下子学会了信任，整个人也温软了很多，很快就交到了女朋友。

三观决定了一个人的精神气质和做事风格，同时也在某种程度上决定了一个人与另一半会拥有怎样的亲密关系。

如果想找到三观相合的伴侣，就要思考一下在我们的人生经历中，哪些事、哪些人塑造了我们什么样的三观。

我们只有看清自己、有的放矢，才能掌握好未来亲密关系的选择方向和最终走向，才能拥有高质量的生活。

第 10 课

你有“易被 PUA”的体质吗

对于我们每一个人来讲，尤其是年轻女性，只有找到自身的弱点，查漏补缺，才能让坏人无从下手，让我们远离伤害、远离PUA。无论是交友还是恋爱，我们都不能当一只扑火的飞蛾。

PUA 的全称是 Pick-up Artist，原意为“搭讪艺术家”“恋爱大师”等，现在泛指通过使用各种技巧吸引异性，使异性对自己着迷的人及其相关行为。

也就是说，PUA 本来的意思是指人们通过系统学习、实践不断提升自己的社交技巧和社会情商的行为。但是现在 PUA 的本意被很多人大大地曲解，以致其中掺杂了太多情感欺骗和心理控制的元素。

近年来，随着媒体的关注和相关知识的普及，很多女性都知道了 PUA 及其可怕之处，并开始防范。

身为一名情感咨询工作者，我很高兴看到很多人尤其是年轻女性有了自我保护意识，但相关知识的科普没有尽头。对于我们每一个人来讲，尤其是年轻女性，只有找到自身的弱点，查漏补缺，才能让坏人无从下手，才能真正让自己远离伤害、远离 PUA。

实际上，PUA 的本质和其他情感欺骗活动没有多大区别，都是施害者通过自己的所谓“高价值”吸引想弥补内心缺失的“低价值”一方，从而实现其不可告人的目的。

我们这里所说的“高价值”可能是一种品质，比如善解人意、温柔体贴、自信满满等；也可能是一种能力，比如阅历丰富、擅于说服别人、教育背景好等；还可能是一种条件，比如有房有车、经济实力雄厚、家庭条件优渥等。

实际上，这些所谓的“高价值”都是相对而言的。毕竟，价值在每个人看来是不同的。但对于个人价值缺失并向往这些所谓“高价值”因素的人来说，他们很有可能成为不怀好意的寻找 PUA 对象的人的“猎物”。

从心理学的角度来看，每个人都有可能在感情上被人 PUA，只不过有些人是“易感人群”，他们对 PUA 的免疫力比较弱，需要自省、自察甚至求助专业的心理咨询师，才能增强体质，摆脱 PUA。

那么，到底什么样的人更容易遭遇 PUA 呢？总的来说，从小缺乏爱、缺乏别人肯定、对生活和人际交往缺乏正确认知的人更容易成为被别人 PUA 的对象。从性格上来讲，这样的人往往自卑、软弱、任性、好胜心强、相对没有主心骨、占有欲很强、更渴望被人宠爱等。

那么，年轻女性如何做才能让自己远离 PUA 呢？

充分了解自己

充分了解自己，一是了解自己所在的原生家庭，二是了解自己的内在需求和性格弱点。

如果你在原生家庭中很少被家人赞美、肯定，就容易缺乏自信，也更容易行动犹豫不决或畏首畏尾。即使你在工作中能独当一面，但内心终究存在自卑感。一旦遇到一个认可你、总是赞美你的人，你就容易失去理智，身陷对方的各种糖衣炮弹之中。

了解这些之后，你会发现自己对另一半的期待是希望对方肯定你、欣赏你。你可以朝这个方向努力，但不要过于在意这些。

如果一个男人在和你接触初期就对你进行高频率的“无脑夸”，在情感上对你更是呵护备至，甚至让你受宠若惊，那么请你一定要加点儿小心。因为对方很可能已经拿捏住了你的弱点。

对任何事物都要建立全面且合理的认知

事物发展规律告诉我们：物极必反。老一辈人也常说：事出反常必有妖。

如果在生活中你遇到了一件极其美好的事情或一个十分完美的人，那么请先停下来好好想一想这是否合理。

比如，所谓跟你百分之百契合的恋人真的是完美无瑕吗？与他的相遇是老天对你的怜悯吗？对方这么完美，知道你想什么、要什么，总对你无私奉献一切，这合理吗？想清楚了这些，再进行下一步行动。无论如何，请谨慎一点、小心一点。

你也可以多跟长辈、朋友交流，他们会帮你进行全面分析，帮你发现其中的不合理之处。这样或许有助于你避免被 PUA。

不要为了证明自己而冒任何风险

有的女性一遇到“爱情”就容易“犯傻”，即使大家都觉得她的男友正在欺骗她、PUA她，但她还是义无反顾地沉浸其中，仿佛只有身处这段关系之中她才是“有价值的”。

每个人都是独一无二的，任何人都没有必要让爱情为自身价值“作证”。

切记：想PUA你的人并不爱你，更不爱你的“价值”，只是另有所图，要么是贪图你的钱财，要么是贪恋你的身体。

有意识地增强自己的内在力量

我接触过一些被PUA所伤的女性，她们无一例外都很喜欢上“自我关怀”的课程。

无论你有没有被PUA伤害过，了解自己永远是建立健康亲密关系的第一步。

PUA的本质是施害方对受害方的认知的否定。那么，我们不妨想一想，认知本来就千差万别，为什么对方说的一定是对的？为什么对方对你的否定就一定是“权威”的？做什么才能让自己快乐，你做到了吗？对方怎么做才能让你快乐，对方做到了吗？想明白这些，我们就很容易将自己从不断被否定且身陷这种否定不能自拔的怪圈中解脱出来，重新获得力量。

飞蛾扑火最终丢了自己的性命。所以，无论是交友还是恋爱，我们都不能当一只扑火的飞蛾。

第 11 课

建立亲密关系的第一要务是远离“暴力男”

有些男人嘴上说“爱”，拳头却停不下来。他只要打过你一次，就会有第二次、第三次……并且他只要对你施暴过一次，下次一定会更狠。

“我的男朋友有暴力倾向，冲动的时候很难自控。他经常推搡我，要不然就会给我一巴掌。我实在受不了了，想跟他分手。他立刻火冒三丈，拽着我就走。当时，我害怕极了……”

有一次，好友小唯含着泪向我讲述自己被前男友施暴的过往。

可以看出，虽事过多年，但小唯内心对于前男友的恐惧仍然存在。

我的好友音儿大学毕业后交了一个男友——克勇。

“克勇是拳击教练。我感觉，我们外出时他能保护我，因此我很有安全感！”音儿很享受这种感觉。

一次，他们去逛商场。有一个男生不小心碰了音儿一下，克勇一把拽住对方就是一顿拳脚，并且言语粗俗地质问对方。

“这个男朋友，我真是找对了，以后我的人身安全就托付给他了。”音儿开心地说。

有一天，音儿的一个同学向音儿借钱，克勇不同意，于是跟音儿你一言我一语地争论起来。

音儿嘴上不饶人，克勇吵不过她，挥手给了她一拳。音儿的头磕在桌子角上，顿时鲜血直流。音儿没想到，原本保护她的拳头就这样无情地打在了她的身上。

“早知道他有暴力倾向，当时他无论怎么追求我，我都不会同意。”音儿说。但世上哪有后悔药呢？识人不准就是变相地伤害自己。

交男朋友时，女性一定要未雨绸缪，远离“暴力男”，保护好自己。

如何识别有暴力倾向的男性

我们可以通过以下几个方面识别“暴力男”。

一、原生家庭充满暴力的人

一个从小生活在充满暴力的家庭的孩子会认为暴力是一种解决问题的“正确”方式。也许，他也曾看不惯甚至抵触暴力，但是长大后却很容易采取这种已经刻进骨子里的行为模式解决问题。

二、控制欲强的人

有的女性很喜欢被男友宠着、保护着，但这样的情感模式很容易让女性成为“笼中鸟”。处于这种情感模式下的女性一旦行事不如男友的心愿，就可能遭遇暴力。

三、大男子主义“重度患者”

一旦男性大男子主义“爆棚”，请一定小心。这样的男性很可能会贬低女性，并倾向于通过言语暴力或行为暴力解决问题。

四、喜欢欺侮弱小的人

心理学上的“踢猫效应”告诉我们，人的不满情绪和糟糕心情一般会沿着不同等级或强弱不同的社会关系链条依次传递，一般由金字塔尖一直扩散至最底层，无处发泄的最弱小的那一层级的人是最终的受害者。

也就是说，一个人的愤怒等负面情绪经常被传递至弱于自己或者等级低于自己的个体。如果你的男朋友有压力或情绪较差时喜欢对弱于自己的人发脾气，当他无法控制自己的情绪时，早晚会拿最亲近的伴侣撒气。

五、暴躁易怒、攻击性强的人

如果你发现男友喜欢和别人吵架、拌嘴，或心情不好的时候喜欢踢东西、用手砸墙，或有其他破坏性行为，请一定要小心。

有些“暴力男”看起来很正常，但自尊心极强。他们可以在其他场合忍辱负重，但在伴侣面前却一定要表现得十分强大、强势。如果伴侣稍有反抗，他们就会把在外面受的委屈全部发泄在伴侣身上。

女性一定要记住，他只要打过你一次，就会有第二次、第三次……并且他只要对你施暴过一次，下次一定会更狠。

如何做才能远离“暴力男”

女性可以从以下几个方面入手远离“暴力男”。

首先，平时要善于观察男朋友的言行举止。如果你的男朋友有上述行为特征，请一定提高警惕，不要等暴力行为发生了再后悔。

其次，如果你们之间发生了激烈争吵，请立刻离开或暂时示弱，不要与对方针锋相对。有些男性本来就容易失控，如果这时你还不停地拱火，他们很容易使用暴力手段。暂时离开是很重要的，可在可能发生暴力的情况下将风险降至最低。千万不要为了逞口舌之快而不顾自己的人身安全。

再次，如果暴力行为已经发生，请重新考虑你们之间的关系。分手可能是最正确的决定，因为一个人的暴力倾向往往是在长期生活中形成的，所以几乎无法改变。你的原谅只能换来一次又一次的伤害，你甚至可能患上PTSD（创伤后应激障碍），或更严重的心理疾病。

最后，提出分手时一定要谨慎。如果你提出分手时对方情绪波动很大，请谨慎对待。因为有暴力倾向的人在冲动之下很可能做出更出格的事。你可以寻求亲友或专业的情感咨询师的帮助，尽量体面且安全地离开对方。

更重要的是，一旦自己的人身安全遭遇危险，请及时报警。

坚实的臂膀可以为你遮风挡雨，也能让你遍体鳞伤。爱人之前要先识人，这才是女性最重要的恋爱秘籍。

第 12 课

警惕来自故人的“危险约定”

为那些泛泛之交冒风险是不值得的，甚至得不偿失。因此，对那些已经很久没有联系过你却突然出现的人，你可要留个心眼儿。

从小到大，父母教育我们：朋友多了路好走，与人为善就是与己方便。

然而，有些旧友意味着山高水长，但有些找上门的旧交情可能是另有所图。

如果年轻女性在日常交往中突遇所谓的“旧交情”，务必多留个心眼儿。

鑫鑫和雅惠曾经在一家单位工作，虽然

共事只有半年，但两人相处得还不错。

后来，鑫鑫离职了，两个人的联系就越来越少。

5年后的一天，雅惠突然接到鑫鑫的电话，鑫鑫说她老公去世了，自己心情很不好。

第二天，鑫鑫又发消息给雅惠，说自己正在某地旅游，当地的风景很美，想邀请雅惠过去玩。

雅惠看到鑫鑫发来的照片，动心了，于是和家人商议想快点动身。

家人劝她："如果你想去，咱们自己做个出行计划去玩儿，岂不是更好？"同时，雅惠正好有点儿别的事，就拒绝了鑫鑫的邀请。

一个月后，雅惠在网络上看到一条消息——某地公安机关捣毁了一个传销组织。雅惠从视频中看到一个熟悉的身影。尽管视频中的相关犯罪嫌疑人被打了马赛克，但雅惠还是一眼就认出了其中的鑫鑫。

雅惠真是后怕，幸亏自己没有去找鑫鑫，否则后果不堪设想。

雅惠真的是逃过一劫，我们真应该为她感到庆幸。

其实，我们每个人都有可能遇到这样的事情。类似这样的“故人之约”，我们真得多加小心。

很多时候，一些“故人之约”背后有可能隐藏着巨大的陷阱，一旦掉进去就万劫不复。而那些来自泛泛之交的“故人之约”更要注意。毕竟，不是所有人都像雅惠一样幸运。

其实，我们的交际范围本不该太宽泛，有些人只是泛泛之交。很多突然而至的过度热情很可能另有目的。为那些泛泛之交冒风险是不值得的，甚至得不偿失。因此，对那些已经很久没有联系过你却突然出现的人，你可要留个心眼儿。通常他们或是要用旧日的情分感化你，或是要用悲惨的遭遇打动你，或是要用良好的条件引诱你，但这一切背后可能隐藏着一些不可告人的目的，甚至可能危及你的人身安全和财产安全。

如何远离危险的“故人之约”？其中最重要的一点是，不要跟故友出远门。如果你想去赴约，一定要告诉家人自己跟谁何时要去哪儿，以便家人在任何时候都能联系到你。

我们为什么一再强调“故人之约”很危险，因为这其中包含着很多不合理性。人与人之间的友情是持续性的。比如儿时的玩伴很少能成为中年时的闺密，学生时期的朋友也会因为事业的发展而各奔东西等。

在人生不同阶段，我们会结识不同的朋友，而一直待在我们身边的老朋友，我们一生可能只有一两个。

那些很久都不联系的故友，难道他们不知道你们之间的友情已经疏远了吗？是什么促使他们硬着头皮非要找你不可呢？可能是棘手的财务问题，可能是危险的情感官司……这些都是你不愿意面对的。

有些女性有求必应，以致最终陷自己于两难境地甚至危险之中。

记住：底线这个东西不是人人都有的。友情可贵，但你和家人的安全更重要。

第 13 课

闺密选得好，弯路走得少

闺密之间的友情不应该像塑料花而应该像鲜花，应有温度、有生命，应真实而鲜活。关键是，我们要选对闺密，要和那些志同道合、三观端正、有良好修养的人做闺密。

人都不喜欢孤单，尤其是对情感关系更加依赖的女性。因此，交朋友对女性的重要性不言而喻。

李莎和田钰同岁，在一个单位工作，是很要好的朋友，平时经常一起吃午饭、一起逛街、一起看电影……总之，她们在工作上相互照应，生活中的喜怒哀乐也会彼此分享。

李莎平时花钱大手大脚，经常向田钰借钱，但发工资后很快就会把钱还给田钰。

后来，田钰交了男朋友，田钰男友对李莎的借钱行为颇有微词：“有多大能力办多大事，消费行为要和自己的经济能力相匹配。李莎的消费行为是不理智的，你这样借钱给她对她也不好。”

田钰觉得男朋友说得有道理，在李莎又一次来借钱时拒绝了她。

李莎十分生气，说：“难道你有了男朋友就不需要闺密了吗？”

田钰自感十分委屈，和李莎绝交了。

除了因钱财、利益发生争执，闺密之间的友情还可能因为嫉妒心而破裂。

丹红和阿琪是发小。丹红把自己的一个男同事介绍给阿琪做男友。

阿琪与男朋友相处得很好，男朋友还经常送给阿琪一些礼物。丹红知道后心里很不舒服："这么大方的男人怎么让她给摊上了？"

之后，丹红开始和阿琪的男朋友"内涵"自己的闺密。

不久，阿琪就知道了，一段20多年的闺密情就此画上了句号。

友谊的小船说翻就翻。因此，有人感叹："女人之间的友谊就好比塑料花——假，但永不凋谢。"但我想说，有这种想法的人大概没有过闺密。

我也曾感叹于随着时间的推移好朋友各奔东西，也曾伤心于幼时的好友变成了网络朋友圈点赞之交，更曾无奈于好朋友之间因为钱财、嫉妒、利益最后不欢而散，等等。

然而不可否认的是，过去那些互诉衷肠到深更半夜、绞尽脑汁将美好的友情化作礼物、打打闹闹之间的欢声笑语、互相扶持着走出失恋阴影的友谊都不是假的，都是闺密间的情真意切、推心置腹。

有的“朋友”是“劫”，但有的闺密是我们生命中最重要的组成部分之一。

我的大学室友萧雨跟兰天是一对好闺密。兰天从小博览群书，看到特别好看的书都会买一本送给萧雨，萧雨看完后会跟兰天分享读书心得。

然而，兰天实在是太讨厌运动了，在大家的生拉硬拽下才会去上体育课。

后来，萧雨想了个办法，搜集了很多

兰天喜欢的作家的签名版作品，只要兰天能按时出早操、上体育课，就不定期地送一本给她。

大三时，萧雨还带着兰天跟她一起跳健美操："你呀，不能只'内秀'，也要'外秀'。这样大家会更喜欢你。"

大学毕业吃散伙饭时，兰天对萧雨说："我要十分感谢我的'体形管理教练'对我苦口婆心的指导和严格要求。"

萧雨也微笑着回应兰天："谢谢你，你让我的认知和视野一直保持在线。读万卷书让我明白知识的力量，也让我的能力不断提高。"

兰天和萧雨的父母也分别因为自己女儿有一个知心朋友而感到无比欣慰。在一个陌生的城市里，两个女孩子互相照顾、互相温暖，这样的闺密更胜家人。

闺密之间的友情不应该像塑料花而应该像鲜花，要有温度、有生命，应真实而鲜活。关键是，我们要选对闺密，要和志同道合、三观端正、有良好修养的人做闺密。

也就是说，我们能做的是选对自己最需要的那朵花，并努力珍惜它、呵护它。

此外，无论何时，请警惕那些危险的“朋友”。

胜不骄，败不馁。平和、冷静地应对人生变局才能成为最大的赢家。

在不同的人生阶段，朋友是我们是否会幸福、成功最重要的影响因素之一。一个好的朋友可以帮助我们远离阴霾、重拾阳光心态，而一个损友则可能让我们一错再错，甚至堕入人生低谷。

庄子曰，君子之交淡如水，小人之交甘若醴；君子淡以亲，小人甘以绝。年轻女性更要有辨别益友和损友的能力。尤其在人生低谷期，一定要远离那些危险的“朋友”。

很多人一不小心交到了损友，以致一事无成，甚至身败名裂。我们一定要引以为戒。

人在面对某种诱惑或是处于人生低谷时，判断力和辨别力往往会减弱，容易被损友利用。

切记：劝你赚快钱、走野路子的“朋友”一定要远离，怂恿你干违法事情的人更要离得远远的。

有时，压垮一个人的往往不是某件事情而是某种情绪。因此，有一种朋友万万交不得，那就是满腹丧气的人。他们也许不是故意的，但他们身上散发出的负能量足够将好不容易调整好状态的你再次拖入谷底。

分享开心的事情，快乐就是双份的；散播悲伤的事情，痛苦也会成倍增加。如果你正身处人生低谷期，还是远离那些牢骚不断的朋友吧！

希望所有女性都能远离危险的“朋友”，即使身陷人生低谷也能整装待发，迎接一个又一个挑战。

第 14 课

请远离带有危险属性的“局”

参加聚会是重要的交际方式之一，但有些“局”对于女性而言可能带有危险属性。女性稍有不慎就可能遭遇人身安全或财产安全问题。

不要因为不好意思拒绝而让自己身陷险境。

遇到困难时有人帮，获得成功时有人赞，这当然是人生的理想状态。

人生中亲情、爱情很重要，友情也同样重要。结交新朋友、拓展社交圈，可以不断提升我们的见识和能力。

参加聚会是重要的交际方式之一，但有些“局”对于女性而言可能带有危险属性。女性稍有不慎就可能遭遇人身安全或财产安全问题。尤其是年轻女性，参加各种社交活动特别是非正式社交活动时，一定要多加小心。

各种所谓的社交“局”，可能潜藏着种种危险。

有些聚会可能会让女性遭受性侵

琳琳跟相恋4年的男友分手后心情差到了极点，一时百无聊赖，便经常跟着“朋友”柳萍参加各种聚会，于是认识了一些人。

一次，琳琳应邀去参加“朋友”组织的“局”。当天晚上，她喝断片儿了。

第二天醒来时，琳琳发现自己赤裸裸地躺在酒店的床上，旁边没有别人。

对此，琳琳后悔不迭。

有些聚会可能让女性一不小心染上毒

34 岁的颖儿在一家外企任销售经理。

最近，她的同事车浩升职，非拉着大家组个“局”。

颖儿因有事晚到了一会儿。她一到场，便有一位男子前来搭讪，说他也是车浩的朋友，还殷勤地递过来一杯水。

结果，当天晚上颖儿一直觉得晕晕乎乎的。后来，她才知道自己被人下了“毒”。

近年来，新型毒品层出不穷，让人防不胜防。所以在日常生活中，我们一定要小心谨慎，避免受到相关伤害。特别是女性，更应小心谨慎。在社交场合，尤其是公共社交场合，务必小心所谓“朋友”递来的“新鲜玩意儿”，更应避免在被引导、诱惑甚至不知情的情况下接触毒品，从而一失足成千古恨。

社交场合一般存在一些潜在的危险因素，尤其是和不曾谋面的陌生人在一起时，更会给一些不轨之徒“下手”的机会。

如何最大限度地远离聚会中的风险

在各种社交场合，女性做到以下几点，会最大限度地避免各种风险。

1. 要有安全意识，那些注定要进行到深夜的聚会能拒绝就拒绝。

2. 在酒桌上轻易不要炫耀自己的酒量，不要因为怕别人扫兴或为了讨好别人而勉强喝酒。

3. 有些人口中所谓“助兴”的东西，你一旦沾染就会走向深渊，所以一定要远离。

4. 学会识人。不要轻易相信他人，更不要轻信朋友的“朋友”。

5. 学会识物。轻易不要吃（喝）别人“殷勤”递过来的入口的东西。

6. 学会识环境。酒吧、KTV 等环境相对昏暗，要格外注意看管好自己的食物和随身物品。

7. 如果出于无奈到陌生的地点参加聚会，要第一时间掌握聚会的准确地点，把手机调到可以快速报警的界面。这样一旦遇险需要寻求帮助时，可迅速求救。

一次聚会不足以让你走上人生的巅峰，但一次不安全的聚会却可能毁掉你的人生。对自己的人生负责，应从避免每一次风险开始。

第 15 课

身处陌生环境，如何做才能护自己周全

只要是和别人一起出门，就相当于把自己的安全和他人捆绑在一起了。何时去、去哪里、吃什么、见什么人……我们都要好好考虑一下。尤其在陌生环境里，更要保护好自己。

细节决定成败。有些细节不只决定事业的成败，关键时刻更能拯救生命。

在有些场合，如果稍不注意，就有可能遭遇人身安全问题，甚至会有性命之忧。女性还是要多注意一点。

有人可能会说："你又在吓唬我。现在社会环境多安全啊，大街小巷都是摄像头。再说，有危险就报警啊！”

你可能会说我太保守、太谨慎。可是，一个不小心可能让你面临严重后果。

很多时候，一个不注意就可能让我们遭遇各种问题甚至灭顶之灾，多少人悔不当初。

女性外出，尤其是一个人外出时，在以下场合要特别注意保护自己。

在灯红酒绿的各种夜场要注意保护自己

灯红酒绿的酒吧、KTV 等各种夜场本是供人放松、消遣的地方，但这样的场合往往充斥着各种闲杂人等。

对于女性来讲，在各种夜场不要穿得太过暴露，要远离一切可能给我们带来危险的因素。

电梯中全是异性时要保护好自己

很多女性乘坐电梯的时候，看到电梯里都是异性时可能会犹豫，但大多会硬着头皮走进电梯。一般情况下，这是没有问题的。

但是，当你去一个陌生的地方，遇到这种情况就要小心了。因为你不能确定同乘电梯的异性是干什么的、这个地方的治安情况怎么样等。

乘坐公共交通工具时要注意保护自己

乘坐公共交通工具时，如果有人非礼你，一定要勇敢反抗，大声呼救，如果可能的话可掏出手机拍摄取证。

现在，很多公共交通工具上有协警或辅警，可以向他们求助。

如果乘坐网约车，尽量不要坐在副驾驶的位置，要坐在后排座位上。上车后最好把行驶路线发给家人或朋友。车辆行驶过程中，不要只顾着低头玩手机，要时刻关注行驶路线，看看司机是否按照既定路线行驶。一旦发现不对劲，要马上提出并要求司机纠正行驶路线。如果司机不听劝告，应马上使用相应平台的报警措施或者拨打 110 报警电话。选择下车地点时，宁可多走几步，也不要在过于黑暗的地方下车。

在健身场所要注意保护自己

女性尽量选择在健身房锻炼，尤其是一个人去锻炼的时候。

如果想和大自然多接触，可以去人流量较大的户外运动场或基础设施较为完备的公园。

如果住在郊区或人迹稀少的地方，外出晨跑和夜跑的危险系数相对较高。因为清晨的公园不见得每个角落都有人，而夜晚的户外很多地方可能存在一些风险。

在陌生环境要注意保护自己

陌生环境并不可怕，但有些因素需要多加考虑。比如，去一个陌生地方时，如果跟家人或者交往多年的闺密一起去，那么安全指数相对比较高；如果同去的人跟你只是半生不熟的关系，那么你就需要多考虑一下。

从地点来看，如果目的地是郊区或较远的地方，出发时间尽量不要选在下午，因为也许会遭遇一些不可控因素，回程时间也难以把握。

另外，女性如果单独和某个男性外出，最好选在白天，并尽量在晚上9点前回到家。有人可能会说："白天上班没时间，只能下班会朋友呀！"那就给约会"减负"，只是吃顿饭就好。

在我们的生活中，自身安全永远是第一位的。只要是和别人出门，就相当于把自己的安全和对方捆绑在一起了。何时去、去哪里、吃什么、见什么人……我们都要好好考虑一下。

女性千万别不好意思说“不”。无论何种场合，如果你嗅出一丝危险气息，就要坚定拒绝，不要担心因此会得罪谁或失去谁。有些事，还是需要谨慎为好。

第16课

网络交友不是谁都能玩得转的

网络世界丰富多彩，但也深藏危机。毫无保留地在网络平台上展示自己的个人信息可能会招致很大风险。希望每一个女性在享受互联网带来的便利时，远离其中的陷阱。

各种各样的社交软件、交友网站、脱单小程序等已成为当下年轻人拓展人脉、结交朋友、找寻伴侣的重要途径。

很多人通过这些渠道展示自己的个人信息，比如工作状况、家庭情况、经济能力、兴趣爱好等。

在这里，我要提醒广大女性朋友，毫无保留地在网络平台上展示自己的个人信息可能会招致很大风险。

发布个人照片要谨慎

女性都希望在他人面前展示自己美好的一面。但是如果在社交网络平台发布一些不合适的照片，你眼中所谓的“美好”在某些人眼里可能就会变味儿。

一般来讲，过度性感的照片可能只会招来花言巧语的“色狼”；表情忧郁、顾影自怜的照片则很可能会吸引感情骗子的眼球。

女性网络社交账号的头像，如果选用真人照片，那么照片形象要端庄、大方、自然、阳光。

如果在网络社交平台发布自己的生活照片，穿着不能过于性感、过于暴露。

这都有助于女性规避一些风险。

昵称不能随便起

在网络社交平台上，昵称虽然只是个符号，但它会反映我们的心理状态。所以使用昵称要少一点矫揉造作，更不能使用可能暴露自己隐私的昵称。

关于个人情况的描述不能暴露隐私

在网络社交平台上，用户的个人描述部分是个人隐私暴露的重灾区。

以下是一个女孩发布在某交友网站上的“脱单独白”：

> 我是一个有点儿近视的金牛座女生，喜欢白色和粉色。虽然生活很节俭，但我对于我喜欢的人却从不吝啬。我谈过3次恋爱，被分手一次，所以我希望你能给我满满的安

> 全感。我平日里的活动基本上是公司与家两点一线，偶尔会出去遛狗。

看到这些文字，大概所有人都知道这个女孩缺乏安全感，还爱为喜欢的人花钱，这会给那些专门在网上猎艳的渣男可乘之机。

那些训练有素的专门进行“杀猪盘”诈骗活动的组织会根据网络平台显示的头像、昵称、社交动态、个人描述等进行综合分析，寻找突破口，因人制宜下“单子”。他们有的骗钱，有的骗色，用编好的“剧本”来行骗。

所以，女性千万不要因为过度的展示欲和虚荣心给骗子留下任何线索。

> 小林是个性格外向的女孩，平时喜欢在某网络社交平台分享自己的生活日常，经常发一些自己的生活照片，甚至发布 vlog（视频网络日志）。

某天，小林收到一条私信。一位自称是“星探”的男士说他关注小林很久了，想请小林做平面模特，拍一组广告。为了证实自己的身份，他还给小林寄了几本时尚杂志，杂志上确实有他的名字。

小林看到对方的社交账号有认证，更加深信不疑，于是欣然应允对方的试镜邀请。

与对方的第一次合作，小林获得两万元酬劳。

半个月后，这名男子又找到小林，说有家内衣公司想找几个女孩共同拍一组平面宣传照。他还说，如果小林能找到其他合适的模特，还可以从中提成。

于是，小林便找了很多身边的小姐妹为该男子拍摄相关照片。但是好长一段时间过去了，小林一直没有收到男子许诺的提成。

后来，小林接到警方传唤。

这时，小林才知道，那个男子涉嫌诈骗已被拘留了，而自己也涉嫌犯罪。

原来，那个男子根本不是什么星探。他专门骗年轻女孩拍摄裸照，然后把这些照片卖给不法网站赚取钱财。

下面的案例也是如此。

欢欢经常在网络社交平台上发布自己的美妆照片。

某天，有一家网络公司联系她，说想邀请她当网络主播，条件是每个月6000元无责任底薪加销售提成。

欢欢很快和这家公司签约，但她没注意到协议里的一则条款：想要得到底薪，每个月至少要直播200小时；如违约，要赔偿公司 100 万元。

几天后，欢欢觉得直播工作严重影响了自己的学习和作息。

而且，公司强行将欢欢的直播时间定为晚 7 点至第二天凌晨 1 点。

欢欢第 1 个月就没有完成任务，只好寻求法律援助，跟这家公司解约。

女性一定要小心网络上所谓的“寄拍”“试镜”等“造星邀请”，因为有很多心怀不轨之人会利用年轻女性的虚荣心和炫耀欲施以小惠，只为达到他们龌龊的目标。

如果遇到这类“来得容易”的美事，你不妨仔细想想：

为什么这么好的机会会找上我？

这件事的后面会不会藏着什么危险？

我要不要跟家人商量商量再做决定？

……

总而言之，女性切不可因为渴求爱情、贪图虚荣而把自己陷于危险境地。网络世界丰富多彩，但也可能深藏危机。希望每一个女性在享受互联网带来的便利时远离其中的陷阱。

第 17 课

网络恋情，小心“杀猪盘”

千万不可小瞧“杀猪盘”的操控者。他们总是在你防备最松的时候将你拖入困境。

有的女性在社交网络平台上和所谓的“男友”聊得火热，以为自己邂逅了美丽的爱情，殊不知已落入了“杀猪盘”。

“杀猪盘”是诈骗团伙对交友婚恋类网络诈骗的一种俗称。“杀猪盘”的“操盘者”会事先准备好各种人设、交友套路、话术等，而后在网络社交平台上寻找诈骗对象，进而通过结交受害人、与受害人建立亲密关系等骗取受害人的财物，不达目的决不罢休。

很多人都无法轻易逃脱他们布下的“局”。

小何是某外企的中层管理者，有车有房，现在就差一个疼她爱她的男朋友。

在某交友网站注册会员两个月后，小何被一个男人吸引住了。他们很快便见面了，并且特别聊得来。

这个男人发现小何缺爱不缺钱，于是耐心地与她培养“感情”，经常深夜为她买奶茶，接送她上下班，短时间不见面就会打电话或发消息问候……

以为自己被宠成公主的小何逐渐放松了警惕，卸下了所有防备。

很快，这个男人开始诱导小何进行网络赌博，还给她介绍了好几个投资渠道。

结果，小何被骗走了40多万元。醒悟

过来的小何赶紧报了警。

现在的“杀猪盘”诈骗活动呈现出频率高、种类多、变化快的特点。

“杀猪盘”的操作者善于打造各种人设，引诱受害者上钩。“操盘者”一般都是团伙作案，他们会在各种社交平台上收集、盗取所需的图片、视频。确定被骗目标后，他们会用话术婉转套出被骗目标的经济、生活情况，然后有针对性地选择让被骗目标最不易设防的套路。

“杀猪盘”的操作者做这一切只是为了让被骗目标相信自己面对的是一个真人，而且对方的经历值得同情。

“杀猪盘”的操作者最喜欢的目标群体是孤独且工作压力较大的单身女性、执着于偶像剧里才有的爱情的单身女、总爱标榜自己很有个性的女孩、极度渴望与优质男成家的女性等。

如何避免成为“杀猪盘”的受害者呢？

首先，女性要找到心中缺少爱的根源并努力解决它。

比如，是在原生家庭缺失关爱，还是“恋爱受挫后遗症”在作祟？女性要学会接纳自己、认可自己、关爱自己，必要时可以寻求专业心理咨询师的帮助，以提升自信。

其次，对他人的询问和“刺探”要保持警惕，即使这个人是你潜在的发展亲密关系的对象。

请记住，一个想跟你发展健康的长期关系的男人不会轻易暴露自己的财务状况，更不会动不动就让你倒贴钱财。

再次，不要暴露自己的隐私。

日常交往中，女性不要过多暴露自己的性格缺陷，不要暴露自己的家庭状况，更不要为任何人做财物担保。

最后，在发展一段亲密关系时，女性一定要提前跟家人、朋友通个气。

当局者迷，旁观者清。家长是最关心你的人。当你为爱情陷入迷乱与疯狂时，他们的忠告或许可以及时把你从悬崖边拉回来。

第 18 课

同居最重要的是让感情“趋同”

同居是一把双刃剑，总有一些你不愿意接受却必须面对的问题等着你面对、解决。

有一些年轻人确定恋爱关系后会住在一起。在他们看来，同居可以使双方进一步了解对方，为今后结婚做准备。

但是，关于同居，女性需要格外谨慎。

同居可能增加意外怀孕的风险

小晨和豪子是大学同学，他们恋爱后

选择了同居，每天一起上课，一起吃饭，一起回家。他们的同居生活温馨、甜蜜而又幸福。

有一天，小晨突然发现自己已经两个月没来例假了，赶紧买了早孕试纸测试。测试结果显示，她怀孕了。

小晨惊慌失措地把这件事情告诉了豪子。

豪子有些紧张，毕竟两个人还没有结婚。

无奈之下，他们决定做人工流产手术。为此，小晨耽误了不少课程，而且感觉身心俱疲。

对女性而言，意外怀孕可能给身体和精神带来严重伤害，所以女性一定要保护好自己。

同居可能造成不必要的债务负担

露露和男朋友都是“北漂”，他们觉得同居可以减少生活开支。但是露露和男朋友都不能很好地规划自己的消费行为，同居短短几个月就入不敷出了，到最后连信用卡都还不上了，只得向父母求助。

同居可能对结婚进程起反作用

在一些交友网站，有些男性在择友要求里明确写着“介意女性有多段同居史”，这听起来可能让人不适。

然而，设身处地来看，身为女性，如果我们的爱人有很多段婚前同居史，我们可能也需要花很长时间才能消化、接受。

此外，虽然同居可以让伴侣双方提前熟悉彼此的生活习惯、兴趣爱好，为以后的婚姻生活打好基础，但也可能提前透支双方对于婚姻的新鲜感，从而影响婚姻进程。

更现实地讲，同居之后有些男性可能会有这样一种心理：“虽然没有领证、办酒席，但我现在的生活和婚姻生活没有什么区别啊，还不用承担婚姻里的责任，为什么要着急结婚呢？”也就是说，在他们看来，同居是一件比结婚简单百倍的事情，还会省去很多成本。

不仅如此，很多思想比较保守的人，尤其是一些长辈可能会戴着有色眼镜看待婚前同居的女孩，心理不够强大的女孩可能会受到某些伤害。

同居最重要的是让感情“趋同”

共同生活、互相陪伴、彼此支持，这是婚姻的内涵，也是同居的内容。

相比分担房租、节省开支，年轻人应该把同居的目的放在让彼此的感情稳定、生活节奏统一、心灵贴近上，也即让感情“趋同”。

一起生活不仅是互相了解的过程，也是彼此完全敞开心扉的过程。伴侣双方那些细微的不同的生活习惯、个人喜好、性格缺点等都会在共同生活中一点一点暴露出来，这都需要双方彼此知晓、接纳、妥协、包容等。

总而言之，人这一辈子，一定要找个合得来的人在一起。但所谓“合得来”，不是单纯地住在一起，而是在漫长的共同生活的岁月里要互相尊重、互相理解、互相迁就。

第19课

步入婚姻前
需要先搞懂这些事

拥有一场好的婚姻不容易，步入婚姻后就要勇于负起相应的责任。

每个人在步入婚姻前都要慎重，慎重，再慎重。如果在婚前能把以下 4 件事想清楚，我们就能拥有一场愉悦、幸福的婚姻。

对自己的定位

步入婚姻之前，我们要重新认识自己。每个人都带着浓厚的家族印记，我们可以先从自己的原生家庭出发，真正了解自己。比如，基本家庭状况，家风家训，自己的世界观、人生观、价值观，性格特点等。此外，恋爱经历、对婚姻的期待、未来的职业规划等对婚姻也有深远影响。这些都需要我们有清楚的认知。

以上因素是婚姻的基础，我们若能画出合适的伴侣画像，就更容易收获幸福婚姻。

对另一半的期望

结婚后，夫妻将共同经营家庭。很多矛盾不断的婚姻要么是因为家庭分工不合理，要么是因为双方对对方的期待不现实。

结婚后，应根据自己和伴侣的实际情况做好家庭分工，调节好对对方的期望值。主要负担经济来源的一方在家务上可以适当少分担一些。这一点男女均适用。若双方工作都很忙，可以请家政小时工帮忙分担家务。

在婚姻关系里，切忌要求对方“既要……又要……

还要……”，而自己却理所当然地享受一切，否则这对任何人都是不公平的。

我们一定是觉得伴侣跟我们大体般配才会下定决心与对方一起步入婚姻的殿堂。一般来讲，女性对伴侣的期望值是会一直提高的。通常，恋爱时期女性对对方的期望值相对较低。但步入婚姻后，随着现实生活的变化，女性对伴侣的期待会“水涨船高”。如果伴侣停滞不前，婚姻便容易出现矛盾，甚至解体。

所以，女性要保持一颗平常心，不过分苛责伴侣，严于律己、宽以待人的态度也应该延伸到婚姻中。

对婚姻中的矛盾的认识

婚姻里的矛盾很多，最现实的来自钱财问题。比如，谁来管钱？怎么投资？如何给父母花钱？怎么给子女消费？等等。

财产观念不同不仅直接反映双方的三观差异，还可能引发夫妻之间的“权力斗争”。所以婚前与伴侣关于金钱的问题达成一致并彼此做好承诺非常重要，婚后为此发生矛盾的概率会小很多。

性生活是夫妻关系的晴雨表。若一对夫妻的性爱和谐度较高，即使发生矛盾也能很快和好，否则可能引发较大的矛盾。

原生家庭对夫妻关系也会产生深远影响。很多家庭的婚姻之所以破裂，是来自原生家庭的过度干涉导致的。结婚后我们将组建一个新的家庭，这时最重要的是发挥自己的主观能动性去改变、去重塑。这样，才能减少矛盾，婚姻关系才更稳定。

对婚姻的认识

婚姻有十大核心，即双方对婚姻的理想化认知程度、分享与沟通的能力、冲突解决能力、个性特质、兴趣与习惯、财务管理能力、调节自己身心的能力、性爱关系、亲友关系以及信仰。

这十大核心问题彼此独立却互相影响。如果夫妻双方在某一方面偏差过大，就会越走越疏离。

拥有一场好的婚姻不容易，步入婚姻后就要勇于负起相应的责任。

第 20 课

若不爱了，请安全地给恋爱画上一个完美的句号

能从一场不合适的恋爱中全身而退对我们来说是一场考验。

恋爱过程中，双方都有选择分手的权利。如果一方使用威胁或要挟的手段向另一方强行索要所谓“分手费”，既不合理也不合法。

那么，若不爱了，如何得体地结束恋爱关系呢？

刚接触时多了解一下对方的脾气秉性

如果发现对方脾气暴躁或遇到事情爱钻牛角尖，一定要慎重开始这段感情。

如果一个人连自己的情绪都控制不了，绝不会是一个好伴侣。宁愿忍痛割爱，也不要委曲求全。

一旦确定恋爱关系，就要认真对待这份感情

任何一方都不要把感情当作儿戏，敷衍、背叛对用情甚深的一方来说是一种打击，会让对方产生严重的心理阴影，同时很可能让本来老实本分的人在冲动之下做出过激举动。

恋爱时，最好告诉父母、好友自己在跟谁谈恋爱。这样做可以对对方的行为形成一定的制约，对方若想有冲动之举，也会顾及自己的名声。

同时，女性要注意保护好自己的隐私，有关以往情史、财产情况、家庭状况等的信息，尽量少透露给恋爱对象，尤其是刚开始交往的恋爱对象。

如果在交往时发现对方与自己三观不合、人生规划不同、性格差异较大等，要尽早从这段感情中退出来。

主动提出分手时要注意节奏与方式

女性提出分手时，如果对方反应强烈，一定不要继续说重话，以防激怒对方。分手时，不停地指责对方的过错，无异于火上浇油。以硬碰硬的结果往往是玉石俱焚。

安抚情绪、得体退出是安全分手的重要环节。

另外，减少见面次数更能够让对方冷静下来，对方也许会反思自己的行为并开始接受“分手”这个结果。

做好善后工作，不要殃及家人

如果恋爱时对方知道了你的很多个人信息，甚至涉及你隐私的信息，且对方有纠缠你的倾向，可以想办法在短时间内搬离原住址。这样也有利于家人免受各种骚扰。

有的女性会选择辞职，辞职前可以告诉上司或关系比较好的同事，如果前男友找上门来，请不要让对方进入公司。这样对你、对公司都是一种保护。

总而言之，在结束一段亲密关系时，所谓“好聚好散”其实并不容易，从一场不合适的恋爱中全身而退对我们来说是一场考验。

图书在版编目（CIP）数据

你值得更好的 / 邵童著. -- 北京 ：中国妇女出版社，2023.4

ISBN 978-7-5127-2211-8

Ⅰ.①你… Ⅱ.①邵… Ⅲ.①恋爱心理学－通俗读物 Ⅳ.①C913.1-49

中国版本图书馆CIP数据核字（2022）第253696号

责任编辑：王海峰
封面设计：末末美书
责任印制：李志国

出版发行：中国妇女出版社
地　　址：北京市东城区史家胡同甲24号　　邮政编码：100010
电　　话：（010）65133160（发行部）　　65133161（邮购）
网　　址：www.womenbooks.cn
邮　　箱：zgfncbs@womenbooks.cn
法律顾问：北京市道可特律师事务所
经　　销：各地新华书店
印　　刷：北京通州皇家印刷厂

开　　本：150mm×215mm　1/16
印　　张：13.75
字　　数：90千字
版　　次：2023年4月第1版　　2023年4月第1次印刷
定　　价：49.80元

如有印装错误，请与发行部联系